AF467050

CATALOGUE

DES LOTS

DE LA

LOTERIE NATIONALE

EXPOSÉS

AU NOUVEL OPÉRA

A PARIS

NOVEMBRE 1871

SE VEND AU PROFIT DE L'ŒUVRE

Prix : 75 Centimes

L'ACHETEUR A DROIT A UN BILLET DE LA LOTERIE

Pour la Correspondance, Demande de Billets, Envois de Dons et tous Renseignements, s'adresser à l'Administration de la Loterie, au Nouvel Opéra, rue Gluck, à Paris.

PARIS

IMPRIMERIE CENTRALE DES CHEMINS DE FER

A. CHAIX ET Cie

RUE BERGÈRE, 20, PRÈS DU BOULEVARD MONTMARTRE.

1871

COMMISSION DE LA LOTERIE NATIONALE :

MM.

Flavigny (le comte de), président de la Société de Secours aux Blessés militaires;

Baudry (Paul), peintre, membre de l'Institut;

Beaufort (le comte de), secrétaire général de la Société de Secours aux Blessés militaires;

Béthisy (le marquis de), membre du Conseil de la Société de Secours aux Blessés militaires;

Chabrié, commissaire général de la Marine;

Clermont-Tonnerre (le colonel comte de);

De Cardaillac (le comte de), directeur des Bâtiments civils;

Garnier (Charles), architecte de l'Opéra;

Le Camus, membre du Conseil de la Société de Secours aux Blessés militaires;

Meissonier, peintre, membre de l'Institut;

Melun (le vicomte de), vice-président de la Société de Secours aux Blessés militaires;

Pages (le baron de) (Hérald), membre du Conseil de la Société de Secours aux Blessés militaires;

Ricord (le docteur), président des Ambulances de la Presse;

Sérurier (le comte), vice-président de la Société de Secours aux Blessés militaires, délégué près des Ministres de la Guerre et de la Marine;

Taylor (le baron), président du Comité des Ambulances de la Presse;

Tagnard, membre du Conseil de la Société de Secours aux Blessés militaires;

Wallace (Richard), membre du Conseil de la Société de Secours aux Blessés militaires;

Félix Laurent, délégué de la Société de Secours aux Blessés militaires auprès de la Loterie nationale, chef d'Administration sous la direction de la Commission.

COMITÉ ARTISTIQUE :

MM.

Meissonier, membre de l'Institut, président;

Baudry (Paul), peintre, membre de l'Institut, vice-président;

Garnier (Charles), architecte de l'Opéra, secrétaire;

Bida, peintre; — **Boulanger,** peintre; — **Cavelier,** sculpteur, membre de l'Institut; — **Chaigneau,** peintre; — **Corot,** peintre; — **Lenepveu,** peintre, membre de l'Institut; — **Louvet,** architecte, secrétaire-adjoint; — **Madrazo,** peintre espagnol; — **Pérignon,** peintre; — **Pils,** peintre, membre de l'Institut; — **Stevens,** peintre belge; — **Tcherkasky** (le prince), peintre polonais; — **Thomas,** sculpteur; — **Toulmouche,** peintre.

COMITÉ DE LA SOCIÉTÉ DES GENS DE LETTRES :

MM. **Muller, Valois, Lapointe.**

COMITÉ INDUSTRIEL ET COMMERCIAL :

MM.

Adam, négociant, rue Croix-des-Petits-Champs;

Colin, fabricant, ancienne maison Krieger, Faubourg-Saint-Antoine, 74;

Duval (Jules), tapissier, boulevard de la Madeleine, 15;

Goupil, éditeur d'estampes, boulevard Montmartre, 19;

Meunier, négociant, 6, boulevard des Capucines;

Scheyer, de la maison Dreyfus et Scheyer, banquiers;

Susse, éditeur de bronzes et œuvres d'art, place de la Bourse

SECTION DES ARTS.

CATALOGUE

DES LOTS

DE LA

LOTERIE NATIONALE

EXPOSÉS

AU NOUVEL OPÉRA

A PARIS

Section des Arts

A

1 ADAM (Clémence Mlle), rue de Vaugirard, 64, *Vénus*, porcelaine.
2 ALDEBERT, à Saint-Maximin, un buste, terre cuite.
3 ALLAIN (Pauline), à St-Calais (Sarthe), *Roses et Liserons*, huile.
4 ALLARD, à Marseille, *Motif d'architecture*, sépia.
5 ALLASSEUR, rue Pétrelle, 22, *Moïse sauvé des eaux*, plâtre.
6 ALOPHE, boul. des Capucines, *Epreuve au charbon*.
7 — — *Le Dernier Ami*.
8 AMIEL, Marseille, *La Madragues*.
9 ANDRÉ (Edmond), *Une Marine*, aquarelle.
10 ANDRÉ (Jules), rue de Turin, 33, *Une Miniature*.
11 ANDRÉOLE, à Toulon, gravure de Rembrandt.
12 ANONYME, *Un Dessin au Crayon*, par E. Delacroix.
13 — *Jeune Italienne*, aquarelle, par H. Regnault.
14 — *Sujet italien*, dessiné au crayon par Rolland.
15 — *Paysage*, aquarelle, par Gaitier.
16 — *Le Lion portant l'Amour*, par Perrandin.
17 — *Vaches*, huile.

18 ANONYME, *Paysage*, huile, par De Bar.
19 — *Sujet religieux*, —
20 — *Femme à la Marguerite*, par Moreaux.
21 — *Croit entendre sonner le tocsin*, pochade, aquarelle.
22 — *Entend sonner le tocsin*, pochade, aquarelle.
23 — *Fleurs*, aquarelle.
24 — *Perrette*, par Cottin.
25 — *Vue de Lyon.*
26 — *Fleurs*, aquarelle.
27 — *Portrait de femme*, huile.
28 — *Promenade en bateau*, fusain.
29 — *Caravane*, aquarelle.
30 — *Hans Holbein.*
31 — *Sujet religieux.*
32 — *La Bergère.*
33 — *La Curée*, aquarelle, par Jules Gelibert.
34 — — —
35 — *Ruth*, huile; *Suzanne*, huile.
36 — *Les Adieux de Fontainebleau.*
37 — *Le Retour de l'île d'Elbe.*
38 — Lithographie.
39 — Portrait de M. Chartout.
40 — Aquarelle.
41 — —
42 — *Fruits*, chromo-lithographie.
43 — *Guerre de Vendée*, trois gravures.
44 — *La Chasse au chacal. — La Chasse au sanglier.*
45 — *Paysage*, fusain.
46 — un Dessin aux 2 crayons.
47 — une statuette, bronze.
48 — *Les Exilés de Tibère.*
49 — *Sainte-Catherine*, d'après E. Laville, dessin.
50 — *Le Joueur de cornemuse*, gravure.
51 — *L'Extrême-onction*, gravure.
52 — *Le Coup de vent*, gravure.
53 — *Portrait d'André del Sarto*, gravure.
54 — *Les Charlatans*, gravure.
55 — *La Prière*, aquarelle.
56 — *Un Concert*, gravure.
57 — une statuette, ivoire.
58 — de Toulon, *Arrivée des caravanes au marché d'Alger.*
59 — d'Avignon, *Nature morte*, huile.

60 ANONYME, *Charles Ier*, lithographie.
61 — *La Vierge.* —
62 — Cachet, bronze.
63 — un presse-papier, bronze.
63 *bis* — *Hommage du 7e bataillon de la Garde nationale à la ville de Strasbourg,* photographie.
64 ARAGO (E.), 5, r. du 29 Juillet, *Tête de Greuze*, dessin.
65 ARONDEL. à Saint-Malo, *Rocher de Saint-Malo,* huile.
66 AUBIN, *Le Contrebandier.*
67 AUBRY-LECOMTE, 18, boulevard des Invalides, lithographie.
68 — — *Hercule enfant.*
69 — — *Portrait.*
70 — — *Portrait de femme.*
71 — — *Le Christ à la Colonne.*
72 — — *Saint-Michel terrassant Lucifer.*
73 — — *Sujet religieux.*
74 — — *La Marseillaise.*
75 — — —
76 — — *Les Girondins.*
77 AUDRY, 21, rue de Laval, *Paysage*, huile, par Tissatto.
78 AUGUSTINE (Mlle), 3, boul. Saint-Martin, *Paysage*, photographie, par A. Quinet.

B

79 BABOOCK (W), *Bouquet de fleurs,* huile.
80 — *Une Cour en Espagne,* — (L. Lombard).
81 BACAT, 47, rue de Clichy, *Buste d'un enfant*, bronze.
82 BACHARACH, *Le Christ,* ivoire.
83 BALLY (C.), *Marine,* aquarelle.
83 *bis* BALLOT, boulevard de Strasbourg, *Paysage,* huile.
84 BALLUT, 80, rue Blanche, *Vue de l'Acropole*, aquarelle.
85 BARBARIN (Thomas de), *La Reine de Navarre*, pastel.
86 BARBEDIENNE, 30, boul. Poissonnière, *Vénus endormie*, bronze.
87 BARBIER (Mlle), 12, rue Matignon, *Vue de Trouville,* aquarelle.
88 BARBIZET, 15, pl. du Trône, un plat faïence, Bernard de Palissy.
89 BARBY (Jules), 59, rue Ramey, *Nature morte*, aquarelle.
89 *bis* BARDOULAT (Mme Ve), à Saint-Germain-en-Laye, 74, rue de Poissy, 2 Lampadaires avec les lampes.
90 BARNAUD, *Portrait de Henri V*, plâtre.
91 BARNAUD, Marseille, *Nature morte.*
92 BARRE, 11, quai Conti, *Paysage*, gravure, (Camille Roqueplan).

93 BARRE, 11, quai Conti, *Percier*, une médaille.
94 — — *Jean-Jacques*, une médaille.
95 — — *Ingres*, —
96 — — *Ludovicus XV*, —
97 — — *Roi et Reine des Grecs*, —
98 — — *Dix* jetons en argent.
99 — — Un *Vase couleur*, dessin grec.
100 — — Médaille bronze d'Alexandre.
101 — — —
102 BARRIAS, 34, rue de Bruxelles, *les Syrènes*, huile.
103 BARRY (Arthur), 47, rue Pigalle, *Orphelins* (Hamon).
104 BASCHET (L.), une étude.
105 BASSARD Cécile (Mlle), 62, r. Monsieur-le-Prince, *Fleurs*, huile.
106 BASTARD, 10, rue Garancière, une faïence peinte.
107 BAUDRY, 35, r. Boissy-d'Anglas, *Danaé* (copie d'apr. Le Corrège).
108 BEAUCERD, 44, rue Paradis-Poissonnière, dessin.
109 — — un dessin encre chine.
110 BEAUJEU (de) 11, place Pigalle, *Une Fête à Bacchus*, aquarelle encadrée pour éventail.
111 BEAUSSÉ, 39, r. d'Alsace, *Pope russe*, huile.
112 BEAUVAIS (Mme), 17, quai Voltaire, *Algérienne*, huile.
113 BEC, à Aix (offert par M. d'Estang-Parade), *Intérieur du couvent des Petites-Maries*.
114 BECQ DE FOUQUIÈRES (Mlle), Aquarelle.
115 BÉGUIN, 12, rue des Lions-St-Paul, *Les Bords de l'Oise*, huile.
116 — — *Entrée du Village*, huile.
117 — — *Paysage*, huile.
118 — — *Villa Réale*.
119 — — *Eruzione del Vesuvio 1839*.
120 — — (*The song of the Bell*), Gravure.
121 BELÈME-HASTING, 14, rue de Navarin, *Galerie de l'Exposition de Londres*, grav.
122 — — *Tête de chien*.
123 BELLANGER (E.), 57, rue de Douai, *La Défense du canon*, huile.
124 BELLAY, peintre graveur, à Rome, *Femme romaine*, aquarelle.
125 BELLEL, 7, rue de Rougemont, *La Fuite en Egypte*, fusain.
126 BERANGER, *Prairie à Saint-Menet*.
127 BERNIER, 58, boulevard de la Chapelle, *Paysage*, fusain.
128 BERNARD, 81, boulevard Montparnasse, *Francs-Tireurs à l'affût*, huile.
129 BERTHE (Lion), 167, b^d^ Montmartre, *Le Bonheur*, aquarelle.
130 BERTHIER (Allibert de), dessin à l'encre, par Constantin.

131 BERTINOT, 27, boulevard Saint-Sulpice, *Portrait de Jules Favre*, gravure.
132 — — —
133 — — *Tête de Vieillard.* —
134 — — *Jeune femme.* —
135 — — *Marguerite.* —
136 — — *Le Billet doux.* —
136 *bis* BEZANCOURT, 17, place du Havre, *Récif dans la mer glaciale*, composition.
137 BIDA, 22, boulevard Saint-Michel, dessin au crayon.
138 BISTAGNE, *Barque de Pêcheurs*, huile.
139 BLACHE, 5, rue de Suresnes, Un Crucifix monté sur bois noir.
140 BLANC (Célestin), *Tête de Femme.*
141 BLANC, *Récréation au Château.*
142 BLANC, *Chevrière Mauresque.*
143 BLANCARD (Ludovic), 17, rue Pasquier, *Une Halte*, huile.
144 BLANCHARD (A.), 47, rue de la Victoire........................
145 BLANCHARD, 54, rue Madame, Buste en marbre.
146 BLOCK, 58, r. du Château-d'Eau, *Une Tête*, peinture sur porcelaine.
147 BLUHM, *Paysage*, huile.
148 BOWLES (William B.), 12, rue de la Paix, *L'Eclaireur blessé, un Ami du Marais*, un groupe.
149 BOISSARD, 48, r. du Faubourg-Saint-Denis, *Attelage.*
149 *bis* BOISSELET (Mlle), b. Beaumarchais, *Une Famille*, huile.
— — *L'Hiver*, —
150 BOITTE, 1, r. Godot-de-Mauroy, *Maison de Pansa, à Pompéi*, aquarelle.
151 — — *Vue Prise à Sienne.*
152 BOLOGNONI, 2, rue Rotrou, *Chien lisant.*
153 BONCZA, 42, rue Fontaine-Saint-Georges, *Louis XI visitant les prisons*, huile.
154 BONHEUR (J.), 14, impasse Sainte-Elisabeth-d'Enfer, *Un Chameau*, bronze.
155 BONNAIRE, 62, rue Neuve-des-Petits-Champs, *La Fuite en Egypte*, huile.
156 BONNARD, 149, rue Oberkampf.................................
157 BONNEMERE, à Angers, *Le Châtiment*, circ.
158 BORNAIS, 80, rue de Passy, *Lac*, fusain.
159 BORCHARD, *Derrière le bastion 67*, fusain.
160 BOREL, 4, rue de Nesle, *Ponsard*, médaille bronze.
161 — — *République française.*
162 BOUCHERVILLE (de), 16, rue de Boulogne, *Le Marché*, huile.

163 BOUFFÉ, *Paysage*, aquarelle.
164 BOUILLON-LANDAIS, *Le Rocher de Siboulen*, huile.
165 BOULANGER (G.-R.), 64, r. de la Rochefoucault, *Schérif*, huile.
166 BOUQUET, 56, rue de la Rochefoucault, *Les Grenouilles qui demandent un Roi*, tableau faïence.
167 BOURDON (Mlle Adine), 6, r. Beautreillis, *Souvenir de Reischoffen*, dessin.
168 — (Mlle Camille), — *Une Tête*, dessin.
169 BOURGEOIS, 83, rue de Vaugirard, *L'Automne*, terre cuite.
170 BOURNICHON, 15, r. de Londres, *Paysage*, fusain.
171 BOUSSATON, 33, r. de la Victoire, *Paysage*, huile, (Justin, ouvrier).
172 — — *Vue de Rogat*, aquarelle.
173 BOUTOUX, *La Mère du soldat*, plâtre.
174 BRANDON (Elie), 77, r. d'Amsterdam, *La Drague*, huile (Corot).
175 — — *Tigre en marche*, Delacroix.
176 — — *Une Plage*, aquarelle (Bernard).
177 — — *Buste de Mme Dubarry*.
178 — — *Mercure*, bronze du XVIIIe siècle, d'après la statue de Jean Bologne.
179 — — un *Lion*, en fonte.
180 — — un *Éléphant*, en fonte.
181 — — Presse-papier, bronze.
182 — — deux petits Vases bleus.
183 — — Panier cristal monté en bronze.
184 — — Panier torsade argent.
185 BREST (Fabius), 46, rue Lepic, *Baise-mains à Constantinople*, huile.
186 BREYSSE (Auguste), 34, boulevard du Prince-Eugène, *Chevaux de labour*, huile (Fort).
187 BRIGES (de), 3, p. de Rivoli, *Environs de Châtillon*, huile.
188 BROUTY, 42, rue de Trévise, un Album d'Architecture.
189 — — 3 vol. d'architecture.
190 — — 2 mains, bronze.
191 BROWN (Mlle H.), 39, r. Jean-Goujon, *Les Oranges*, haute Égypte, crayon.
192 BRUNEAU, 22, r. des Petites-Écuries, *Un Paysage*, aquarelle.
193 BRUNEAU (Mme Aurélie), rue du Chemin-Vert à Auteuil, *Fleurs*, aquarelle.
194 BURAT, 14, rue Saint-Lazare, *Nature morte*, aquarelle.
195 BUREAU, 59, rue de Turenne, *Paysage*, huile.
196 BRYON, *Palais des Arts* et *Château-d'Eau*, photographie.

C

197 CALLIAS (Mme de), 18, rue Montalivet, Faïence émaillée.
198 CALLY, 5, rue Tiquetonne, un groupe, biscuit.
199 — — un groupe (Marchi).
200 — — une statuette —
201 CALS, *Les Images*, huile.
202 CAMARET, 150, r. Grenelle-Saint-Germain, *Primevère*, aquarelle.
203 CAMILLE (Mme), 1, rue de l'Odéon, *Tête d'idiot*, huile.
204 CANA (Emile), 5, rue Oberkampf, *Poule et Poussins*, bronze.
205 CANUT, 87, rue Saint-Lazare, *La Photographie*.
206 CANUT (Paul), — un porte-allumette, terre cuite.
207 — — — un encrier, bronze et marbre.
208 CARCOUSSI (Mme J.), Etude pour plafond.
209 CARLIER-WACRENIER, *Vierge*, huile, d'après Sasso-Ferrato.
210 CARPEAUX, 71, r. Radot, à Auteuil, *Défense de la patrie*, groupe
211 — — *Mater Dolorosa*, terre cuite.
212 CARPENTIER, 101, Faubourg-Saint-Denis, *Le Printemps*, pastel.
213 CARON, *Les Trois Grâces*, huile.
214 CARON (Jules), *Le Goûter du petit frère*.
215 CARRIER-BELLEUSE, 15, rue de la Tour-d'Auvergne, *Invocation à Hermès*, terre cuite.
216 — *Faune et Bacchante*, terre cuite.
217 CAROT, rue Crozatier, une gravure.
218 — — —
218 *bis* CASTELLI (H.), une peinture sur bois.
219 CASTELLIER (Mme), quai Voltaire, *Vue prise de la Meuse*, aquarelle.
220 CASTELNAU, 7, rue de l'Odéon, *le Mobile à Villejuif*.
221 — — *Franc-Tireur à l'affût*, huile.
222 CATELIN (Adolphe), 54, r. St-Georges, *Le Dillettante d'Avignon*.
223 — — —
224 CAUSSINUS, une statuette plâtre cuivré.
225 CAVELIER, *Pénélope*, statue bronze.
226 — Mme *Psyché*, terre cuite.
227 CAYOL frères, *Vue intérieure de N.-Dame de la Garde*, photograp.
228 — *Vue extérieure* — —
229 CAZIER (F.), 12, rue Monceaux, *la Vierge*, médaillon.
230 CELLIER, (Mlle) rue Gaillon, un vide-poche, bronze.
231 CHAIGNEAU, à Barbizon (Seine-et-Marne), *L'Automne*, aquarelle.
232 CHAIX (A.), *Environs de Marseille*.

233 CHAPU, *Jeanne d'Arc*, médaillon bronze.
234 CHAPUZOT (Mme), 2, r. Pasquier, Vase verre Bohême et bronze.
235 — — un porte-allumettes, bronze.
236 — — *Moutons*, Sujet en bois sculpté.
237 CHARTROUSE, 15, r. Neuve-d.-Petits-Champs, *Source et Ruisseau.*
238 — — *Jacob Pereyre.*
239 — — *Martyr de l'indépendance.*
240 — — —
241 — — —
242 — — —
243 CHATEAUVILLARS (Csse de), 2, rue de la Pelouse, *Buste*, bronze.
244 CHAVET, 35, avenue de Wagram, *Vert-Vert.*
244 *bis* CHASSERVENT (G.), *Paysage*, huile.
245 CHAUVIER (Léon de), Etude de pins.
246 CHAVANNE (Puvis de), 11, rue Pigalle, *Le Pigeon*, lithographie.
247 — — — *Le Ballon*, —
248 CHAZAL (C.), 74, rue N.-Dame-des-Champs, *Une Odalisque*, huile.
249 CHEVALIER (Henri), 5, rue Largillière, *La France et l'Alsace*, esquisse.
250 CHEVILLARD, à Barbizon (Seine-et-Marne), *Paysage*, huile.
251 — — *Italienne*, huile.
252 CHOSSELAT, 16, rue de la Tour-d'Auvergne, *Constant Troyon*, médaillon.
253 CHOUAN, 84, rue de Cléry, *Tête de Byron* (médaillon).
254 — — *Tête de Femme*, —
255 — — *Tête de Voltaire*, —
256 — — *Tête de guerrier*, —
257 — — *Tête de Béranger*, —
258 — — *Tête de Michel-Ange*, —
259 — — groupe médaillon.
260 — — — —
261 — — — —
262 — — — —
263 — — — —
264 — — — *Le Christ*, médaillon.
265 — — — *Le Christ*, —
266 — — — *Une Femme nue*, médaillon.
267 — — — *Le Pape*, —
268 — — — — —
269 — — *Béranger* (médaillon).
270 — — *La Renommée* —

271 CHOUAN, 84, rue de Cléry, *La Renommée*, médaillon.
272 CIAPPORI-PUCCHE, 350, r. Saint-Jacques, *Sujet religieux*, dessin.
273 CLAIRIN, 177, rue de Vaugirard, un Gavarni, aquarelle.
274 CLAIRIN (Georges), 62, rue de Rome, *Type espagnol.*
275 CLÉMENT, *Une Pêche.*
276 CLER, 68, rue Saint-Lazare, *Dragon à cheval*, huile.
277 CLIQUOT, *La Colère*, huile (Pigal).
278 — *La Réconciliation*, huile.
279 — *Femme en prière*, huile.
280 COGNIET (Léon), *Tête de Lion*, huile.
281 COLLA, *Paysage*, huile.
282 COLLAS, 26, Impasse du Moulin, *Buste de la République.*
283 COLLÉ et VERANE, *Visite à la Frégate*, par Jullien.
284 COMBES, à Aix, *Route de la Victoire.*
285 CONSTANTIN, *Cavaliers arabes.*
286 CONSUL (Mme), *Suzanne et les deux Vieillards*, dessin.
287 — — Un Dessin.
288 COQUEREL fils, rue de Boulogne, *Bouquet de Roses*, aquarelle.
289 — — *Statue de Gutemberg*, Bronze.
290 CORNILLON, 1, rue Saint-Georges, *Une Chasse*, pastel.
291 — — *Vallée de Nougeste* (Vosges).
292 — — *Paysage*, pastel.
293 COROT, 58, rue Paradis-Poissonnière, *Saint-Sébastien*, huile.
294 — — *Paysage*, huile.
295 COSSMANN, 17, r. Duperré, *Souvenirs de la Haute-Saône*, fusain.
296 COUDERT, *Fruits.*
297 COULANGE-LAUTREC, *Marine*, environs de Toulon.
297 *bis* COURTET, *Assomption de la Vierge*, bénitier, terre cuite.
298 COUSIN (G.), *Paysage*, huile.
299 CROUZET, *Poissons.*
300 CUISIN, 139, boulevard Saint-Michel, *Marchand de vins traiteur.*
301 CURZON (de), *Le cap Cicié*, près de Toulon, fusain.
302 CUSSINATA (S.), r. de Rome, *Le Gué des Rochers*, paysage, gravure.
303 — — Environs de Saint-Mammès. —
304 — — Un Portrait. —
305 — — Un Chalet. —
306 — — Un Portrait. —
307 — — — —
308 — — Un portrait de femme. —

D

309 DABOT, 2, rue de la Sorbonne, *L'Ange et Tobie*, huile (Ermels).
310 DAMOYÉ, 66, rue Pigalle, *Montmartre*, étude, huile.
311 DAMPIERRE (la comtesse de), *Paysage*, fusain.
312 — — —
313 — — —
314 DALBIAT (Mme), 5, boul. Ornano, *Tête de femme*, lithographie.
315 — — *Une Jeune fille et un chien* —
316 DARODE, 30, rue Monsieur-le-Prince, *La Philosophie*, —
317 — — — —
318 DAUBIGNY, 37, boulevard Clichy, *Une Vue de mer*, huile.
319 DAUBIGNY (Karl), 37, rue Fontaine, *Marine*, huile.
320 DAUDETEAU (René), à Fontenay-le-Comte (Vendée), *Paysage*, fusain.
321 DAUPHIN, *Poules*, huile.
322 DAUTEL (Mme Virginie), 8, rue des Beaux-Arts, *La Lecture*, pastel.
323 DAVID (Mme), 4, r. des Martyrs, *Paysage* par Jean Pellement.
324 DEGER, 11, Faubourg-Poissonnière, *Le Déjeuner*.
325 — — *Musicien* (Hamel).
326 — — *Fileuse normande* (Hamel).
327 — — Un cheval, zinc et bronzé.
328 DEGUIROT (Mlle), Une porcelaine peinte.
329 — —
330 DELAFOSSE, 8, rue de Valois, *Diane de Lys*, groupe terre cuite.
331 DELAPIERRE, 46, r. Dulong, *Moulin*, soleil couchant.
332 DELATTRE, Marine, *Environs de Toulon*.
333 DELAUNAY, rue Pigalle ....
334 DELAUNAY (Arsène), 24, quai des Célestins, *Vue de Paris*, sépia.
335 DELÉAGE, avocat à la Cour de Paris, maire du XIXe arrondissement, 18, rue Turbigo, *Chute du Furens au Gouffre d'enfer*, pastel de Brunet de Boyer.
336 DELESSERT (Mme), 17, rue Renouard, un vase émail.
337 DELEZ (F.), 16, r. de la Tour-d'Auvergne, un petit navire, ivoire.
338 DELIÈRRE (Auguste), 18, r. St-Dominique, *Le Chien et le faisan*, aqua.
339 — — — *Paysage*, fusain.
340 — — — *Parc de Versailles*, fusain.
341 DENIS, *La Confession*.
342 — *Baigneuse*.
343 — *Une Sirène*.
344 DEROY Un groupe — Imitation bronze.

345 DEROY (A), 58, rue Amelot, *Chien en arrêt*, bronze.
346 — — *La Jeune Bouquetière.*
347 — — Un groupe, imitation.
348 — — —
348 *bis* — — *Un Chien*, imitation bronze.
349 DESBROSSES, 58, rue de Vannes, *Une ménagère.*
350 DESHAYES, 25, rue de la Tour-d'Auvergne, *Paysage*, huile.
351 DESHAYES (Eugène), *Vue hollandaise*, crayon.
352 DESJARDINS (Isnard), 126, r. Dassas, *Marine*, pastel.
353 — — *Marine*, pastel.
354 — — *Le Billet de logement*, gravure.
355 — — *La Déclaration soufflée*, —
356 DESPREZ, 3, rue Boursault, *Lida* (Galimard).
357 DESORINS 4, (Louis), rue Lallier, *Le Moulin de Bonneuil*, huile.
358 DESTIGNY, *Une ferme*, huile.
359 DETAILLE, 44, rue Blanche, *Sentinelle prussienne*, aquarelle.
360 D'HAUTEL (Virgile), 94, rue du Château-d'Eau, *Fruits*, huile.
361 DIEN (Achille), 3, rue des Beaux-Arts, *Paysage*, fusain.
362 DIDIOT (Mlle), 3, av. des Amandiers, *La Prière*, tableau porcelaine.
363 DIGAT, p. du Panthéon, une assiette avec dessin *la duchesse de Berry.*
364 DOLIVET, 351, rue Saint-Denis, *Fruits*, aquarelle.
365 DOMOLON, 87, boulevard Magenta, *Vue de Réthel*, Ardennes.
366 DONAT-GUILLOT, *Vue de la Villette*, huile.
367 DORIVAL (Mme), 88, rue Richelieu, une gravure.
368 DORTHÈS, *Fruits.*
369 DOUBLEMONT (Am.), 13, rue Billaud, Bon pour un médaillon.
370 DOUX (Lucile), *Préparatifs de toilette*, huile.
370 *bis* DREUX D'ORCY (de), 4, rue des Cent-Degrés, Sèvres, dessin.
370 *ter* — — — —
371 DUBOUCHER, 66, rue N.-D.-de-Nazareth, *Maraudeur au désert.*
372 DUCE, *Cabane sur les bords du bassin de Réaltort.*
373 DUCLOS (Mlle Marie), 46, r. de la Santé, *Le Gué des Rochères*, gravure.
374 — — *Un portrait de femme*, —
375 — — *Jeune fille.* —
376 — — *Paysage*, eau forte. —
377 — — *Le Moulin.* —
378 — — *Le Matin.* —
379 — — *Après l'ondée.* —
380 — — *Le Gué.* —
381 — — *Un vase antique.* —
382 — — *La Cascade.* —
383 — — *La Cascade.* —

384 DUCLOS (Mlle Marie), 46, r. de la Santé, *Le Château de Bentheim*, gra.
385 — — *Une bataille*, gravure.
386 — — *Le Moulin.* —
387 — — *Le Gué.* —
388 — — *Le Château de Bentheim.*—
389 — — *Le Matin.* —
390 — — *Une Grange.* —
391 — — *Une Forêt.* —
392 — — *Une Fleur*, pastel.
393 — — *Un vase antique*, gravure.
394 — — *Une rivière sous bois.* —
395 — — *Vue d'un village.* —
396 — — —
397 — — *Environs de St-Mammès.* —
398 — — *Après l'ondée.* —
399 — — *Un vase antique.* —
400 DULOCLE (Camille), dir. de l'Opéra-Comique, *Paysage*, fusain.
401 DUMAS (N.), *Marine*, huile.
402 DUMAX, rue de Sèvres, 139, *Étang*, fusain.
403 DUMAREST, *Pâtre romain*, huile.
404 DUMONT, rue Dauphine, 17, *L'Enfer*, d'après G. Doré, gravure.
405 DUPLESSY, rue de Boulogne, 15, *Un Intérieur*, huile.
406 DUPREZ (Mlle), rue Turgot, 13, *Nature morte*, huile.
407 DUPUIS (Pierre), 35, rue Copront, bon pour un portrait.
408 DURANGEL, *Pour les pauvres blessés*, huile.

E

409 EHRMANN (F.), *Diane*, huile.
410 ERAUD, 23, Chaussée-d'Antin, bon pour un portrait.
411 ESCALIER, *Fleurs*, huile.
412 ETEX, 2, rue Carnot, *Jeune Vierge allant au martyre*, huile.
413 — — *La Délivrance*, gravure.
414 — — Avant-projet du Grand-Opéra, photogr.
415 — — *Une Captive*, marbre.
416 — — *Groupe d'Hercule*, plâtre.
417 — — *Famille de Caïn*, plâtre.
418 EVRARD et BERTHIER, 106, r. de Turenne, *Jeune Femme*, bronze.

F

419 FABREGUETTES, 47, r. Paradis-Poissonnière, *Fruits*, huile.
420 FAGNON, 122 *bis*, rue Saint-Denis, *Paysage*, fusain.
421 FAIVRE (Tony), *Paysan romain*, aquarelle.
422 FAL, 13, rue de Navarin, *Intérieur d'Eglise*, aquarelle.
423 FANELLI (Mme Ve), 22, r. de Lisbonne, *Le Coucher du Soleil*, huile.
424 FANNIÈRES frères, 53, rue de Vaugirard, *Léda*, bronze.
425 FARCHI (A.), 14, r. Grange-Batelière, *Gardeuse de moutons*, aqua.
426 FAUVEL, *Paysage*, huile.
427 FAVERJON, *Diogène*, fusain.
428 — *L'Harmonie*, fusain,
429 FÉLON, 13, rue Thibournery, un Buste.
430 FERGUSON (Edouard), 13, rue d'Hauteville, *Gustave Lambert*, Buste terre cuite.
431 FEUGÈRES-DES-FORT, *Jeune fille*, buste en marbre.
432 FLÉBERT, 71, boulevard Saint-Michel, presse-papier, bronze.
433 FLEURY-FLOBERT, 7, Boulevard St-Michel, *La Justice*, gravure d'après Raphaël.
434 — — *La Théologie*, gravure d'après Raphaël.
435 FLOSI, 96 *bis*, Avenue des Ternes, Buste de *Rossini*.
436 — — — *Mozart*.
437 — — — *Beethoven*.
438 — — — *Haydn*.
439 — — — *Meyerbeer*.
440 FORMSTECHER (Mlle Anna), 122, Faubourg-St-Martin, *La Lecture*, aquarelle.
441 — *L'Idylle*, eau-forte.
442 — *La Victoire*.
443 — *Arabe veillant le corps de son ami*.
444 FORTUNY, *Kabile mort*.
445 — *Garde de la Casbah à Tetuan*.
446 FOURIÉ (Albert), 8, rue de Louvois, *Paysage*, sépia.
447 — — — *Paysage*, fusain.
448 FOURNIER (Paul), 13, r. des Saints-Pères, *Un Bouffon*, gravure.
449 FRANCESKI, 17, r. Larochefoucault, bon pour un buste en terre cuite.
449 *bis* FRANCASTEL (Paul), 28, rue de Trévise, un groupe faïence, grand feu, *Cresserelle et Sarcelle*.
450 FRANCIA, 8, passage Saulnier, buste de Mgr Bauer.
451 FRAISSINET, *Bords d'Étang*, Provence, huile.

452 FREMIOT (le baron), 94, r. du Faubourg-St-Honoré, *Paysage* aux 2 crayons.
453 — — — *Paysage*, huile.
454 — — — *Jean-Bart*, gravure.
455 FROMAS, 19, rue Cujas, Un tableau Cosmographique.

G

456 GABRIEL, *Barques*, huile.
457 GADEBEUF, 49, avenue Trudaine, *L'Antinoüs*, bronze.
458 GAILLARD, 54, rue Madame, *Jeune Enfant nu*, huile.
459 GAILLARD, un Portrait.
460 — — *La Vierge à l'enfant*.
461 GALBRUN, 9, boulevard de Sarron, *Jeune Fille*, pastel.
462 GALERNE, 27, rue Casimir-Périer, *Intérieur de Cour*, à Colombes, huile.
463 GALIBERT, à Marseille, *Nature morte*, huile.
464 GAMBOGI (Fanny), *Femme arabe*, huile.
465 GAMBOGI, *Italienne*, huile.
466 GARNIER (Ch.), 90, boulevard Saint-Germain, *Eglise Saint-Clément*, à Rome, aquarelle.
467 GARNIER (François), 45, rue de Sèvres, *La Manne*.
468 — — *La Barque de Saint-Pierre*.
468 *bis* GARNIER, à Avignon, *L'Hôtel-de-Ville*, photographie.
469 GASSIES, à Barbizon (Seine-et-Marne), *Vue de la forêt de Fontainebleau*, aquarelle.
470 — *Une Forêt*, aquarelle.
471 GAUCHEREL, *D'Arromanches à Asnelle*, gravure.
472 GAULT-DE-SAINT-GERMAIN, 158, F.-St-Martin, *Paysage*, huile.
473 — — *Scène d'Intérieur*, huile.
474 GAUTHIER, *Martigues*.
475 — *Pointe du Vallon des Auffes*.
475 *bis* GÉLIBERT (Paul), 47, rue d'Enfer, *Fruits*, huile.
475 *ter* — (Gaston), — *Tête de chien*, lithographie.
476 GENAUT, 50, rue des Abbesses, *Paysage*, copie de Léon Coignet, huile.
477 GÉNOIS (Henri), 49, b. de Vaugirard, *Hamlet et le Fossoyeur*, huile.
478 GENRY, *Pâturage*, huile.
478 *bis* GÉROME, 5, rue de Bruxelles..........................
479 GERVAIS, *Rêve d'un Français*, décembre 1870, par Guindon, plâtre.

480 GETHMANN, 2, cours de Vincennes, *Sujet algérien*, en mie de pain.
481 GIGOUX (J.), 30, rue Jules Favre, *Tête d'enfant*, étude au crayon.
482 GILBERT, 21, Faub.-du-Temple, *Nature morte*, huile.
483 GILBERT, *Jeune Enfant* (Pifferaro).
484 — *Jeune Femme* (la Volupté).
485 — *La Fortune et le Jeune Enfant.*
486 GILBERT, 4, rue des Grands-Degrés, *Enfant mauresque.*
487 GINOUX, à Toulon, *La Source.*
488 GIRARD (J.-N.), 23, r. de Rocroy, *Danseuses grecques*, bronze.
489 GIRAUD (Victor), 63, rue des Écuries-d'Artois...............
490 GIRAUD (Mme), 22, r. de Verneuil, *Environs de Fontainebleau*, hui.
491 GIROD, d'Alais, *Vue d'Alais*, photographie.
492 GRAMMONT (Mme de), 76, rue d'Assas, *Chien chasseur*, —
493 GRANDCHAMPS (Louis-Emile de), 43, rue Pergolèse, *Turc*, aquarelle (Tesson).
494 GRÉGOIRE, prisonnier de guerre, *Paysage*, fusain.
495 GREBERT, 5, rue Guy-la-Brosse, *Vue du Pont de Mailly*, huile.
496 GRESY, *Site de Provence.*
497 GROBON, 46, rue de Vanves, *Vue de Saint-Malo*, huile.
498 GROISEILLIEZ (Emile de), deux aquarelles.
499 — *Paysage*, huile.
500 GODON (Justin), 37, rue Grange-aux-Belles, *Fleurs*, peinture.
501 GOELTAS, Faubourg-Poissonnière, *Paysage*, aquarelle.
502 GOETHALS, *Paysage*, aquarelle.
503 — — —
504 GONDRAN (d'Aix), *quatre vues prises à Aix.*
505 GOUJON (Jean), 54, rue Richer, *Le Prince Poniatowski*, gravure.
506 GOUPIL, 19, boulevard Montmartre, *Victoire de Divicon*, gravure.
507 — — *La Tutelle.* —
508 — — *La Fille aux Poussins.* —
509 — — *Lord Strafford.* —
510 — — *L'Amour.* —
511 — — *L'Enterrement du petit oiseau*
512 — — *Les Pêcheurs:* —
513 — — *Les Moissonneurs.* —
514 — — *Le Départ des Hirondelles.*
515 GOUTIÈRE, *Docteur Michon.*
516 GUADET, 56, boulev. des Invalides, encre de Chine.
517 GUÉRARD, 27, rue Fontaine, *Nature morte*, huile.
518 GUÉRARD (Auguste), 68, boulev. Malesherbes, *Alsacienne*, (Ch. Maréchal).
519 GUÉRARD, 15 rue Fénélon, un encrier, marbre et bronze.

520 GUIAUD, 11, boul. de Clichy, *Palais de Justice,* aquarelle.
521 GUIAUD (J.), 74, rue de Clichy, *Paysage,* aquarelle.
522 GUICHARD, *Marine.*
523 GUGENHEIM (Mlle Aline), 32, rue des Jeûneurs, *Une Miniature.*
524 GUIGOU, d'Apt, *Vue de Cuges.*
525 GUILBERT (d'Anelle-Avignon), *La Première Leçon,* huile.
526 GUILLEMET, 110, quai Jemmapes, *La Lecture,* sujet bronze.
527 GUINDON, *Moutons.*
529 GUINANT (Mlle Cécile), 2, rue Dumont-d'Urville, *Tête de jeune homme,* pastel.
530 GUMERY, 155, rue de Rennes, *Jeune Garçon,* fusain.

H

531 HAGARD (Claude), 13, r. Jules Favre, *Marine,* médaillon.
532 HALUS, 56, rue Saint-Dominique, une Statuette.
533 HAMEL, 45, rue Boissy-d'Anglas, *Nature morte* (Feuxeula).
534 HARPIGNIES, 7, rue Saint-Georges, chez M. Petit. *Vue de Rome,* aquarelle.
535 HÉDIN (Amédée), 97, rue d'Enfer, *Paysage,* huile.
536 HÉDOUIN, 58, rue de l'Université, pastel.
537 HELLEMACHER (E.), 126, rue Lafayette, *Jehan de Saintré,* huile.
538 HENRY (Michel), 12, r. de l'Ancienne-Comédie, *Soleil couchant* (Ballu).
539 HERSON, 11, boulevard de Clichy, *Paysage,* huile.
540 — — — —
541 — — *Entrée d'un Monastère,* aquarelle.
542 HERMANN (Léon), 5, boul. Bonne-Nouvelle, *Étude de femme,* huil.
543 HERVÉ DE LAVAUR (Mlle), pastel.
544 HODI, docteur, 23, rue d'Enghien, *La Consultation.*
545 HOGARD (Claude), *Plage de Trouville,* aquarelle.
546 HOLLANDE, 51, rue de Charenton, *Lion et Lionne,* plâtre.
547 — — *Guerrier romain,* bronze.
548 HONORÉ, 39, rue Condorcet, un cachet.
549 HORDON (Albert), avenue Saïd, *Berger et Chèvre,* huile (Palizzi).
550 HOUSSAY (Mlle) 74, rue de Sèvres, *L'Offrande,* huile.
551 HOUDARD, encrier, bronze.
552 HOURRY, 9, cité du Trône, peinture snr faïence.
553 HUAS (A.), 11, rue Chateaubriand, Bon pour un portrait.
554 HUET (Ev.), *Fleurs,* huile.

555 HUILLARD, 5, rue du 29 Juillet, *Vue du Forum*, aquarelle.
556 HUYMANS, 29, boulevard Rochechouart, *Une Razzia intime à Alger*, huile.

J

557 JACOB (Mlle Marie), 4, rue Joquelet, *Bouquet de fleurs*, aquarelle par Philippe Lambotte.
558 JACOBBERT fils, *Fleurs* et *Fruits*, huile.
559 JACQUAND (Claudius), 18, avenue de la Reine-Hortense, *Quête pour les veuves et les orphelins*, huile.
560 JACOTT, 20, rue Bellini, à Passy, *L'Orgueil*, gravure.
561 — — *La Paresse*, —
562 JACQUE, *Un Semeur*, crayon.
563 JACQUET, rue Lebon. Portrait d'après Raphaël.
564 — — *Songe*, gravé par Gouthière.
565 JACQUEMARD, 37, rue de Babylone........................
566 JACQUEMART (Mlle), 17, rue de Laval, *Nature morte*, huile.
567 JACQUINET, *Tigre et Serpent*, bronze.
568 JANDELLE, 33, rue de la Tombe-Issoire, *Paysage*, huile.
568 *bis* JAPY, *Marine*, huile.
569 JEANNIN, 51, boulevard Magenta, *Environs de Fontainebleau*, huile (Hagemann).
570 JARRY (A.), rue Radziwill, *Paris incendié*, album.
571 JOSQUIN, rue Rochechouart, 68, *Enfant*, huile.
572 JOULIN (Lucien), 196, r. de Rivoli, *Nature morte*, huile.
573 JOURDAN (E.), à Toulon, *Repos des moissonneurs*.
574 JOURNAULT (E.), 60, boulevard de Clichy, *Vue de Saint-Jean-de-Luz*, Basses-Pyrénées.
575 JUDRE (Mme veuve), *La Chapelle Sixtine*, d'après Ingres.
576 JULIEN, *Effet de Lune*, marine.
577 JULIENNE, rue de Malte, *Invocation*, gouache.
578 JULIENNE (Mme), 34, r. de Malte, Un sujet pour un éventail, aquarelle.

K

579 KELBRONNER (Horace), 5, rue d'Aumale, portrait de lord Strafford d'après Paul Delaroche, gravure.
580 — — *Jeanne Gray*, —
581 KERTUCKY (Mme), 104, rue Saint-Dominique, *Le Christ*.
581 *bis* — — *L'enfant Jésus*, un médaillon.

582 KÉRUISDEN, 16, rue Saint-Maur, *Nature morte*, huile.
583 KLEIN, 23, rue des Noyers, *Négresse*, aquarelle.

L

584 LABORNE (Émile), 22, rue des Vosges, *Le jour du marché*, huile.
585 LACOUT (Mme), rue Ramey, 39, Coupe, bronze.
586 LACRETELLE (E.), 8, boulevard Montmartre, *Le Christ et la Vierge*, huile.
586 *bis* LACROZE (Dr), 60, r. de la Victoire, *Inondation de la Loire*, huile, par Picou fils.
587 LAEMLIN, 10. rue Hautefeuille, *L'Espérance*, huile.
588 LAFARET (Mlle), 19, r. Le Pelletier, petit tableau transparent (porcel).
589 LAFFITTE, à Barbizon, *Étude de tête de Chien*, huile.
589 *bis* LAGARDE, quai Voltaire, 5, *Coucher du soleil*, aquarelle.
589 *ter* — — *Les Chevaux*, —
590 — — *Paysage*, —
590 *bis* — — *Le Lac*, —
591 — — *Paysage*, Dessin.
592 — — — —
593 — — *Chèvres*, —
594 — — *Paysage*, aquarelle, —
595 — — *Sépia*, par Hubert.
596 — — *Les Ruines*, —
597 — — *La Ferme*, aquarelle.
598 — — *La Rivière*, —
599 — — *La Ferme*, aqu. par M. Lerebours.
600 — — *Tête de martyr*, crayon.
601 — — une encre de Chine, par Duvivier.
602 — — un Dessin au fusain.
603 — — 19 épreuves: *Héroïne* de W. Scott.
604 — — 30 vignettes, œuvres de W. Scott.
605 — — 16 épreuves d'artiste.
606 — — —
607 — — *Souvenirs de Coucy*, texte, gravure.
608 LAGIER, *Napolitaine*, étude.
609 LALANNE, *Coup de vent*.
610 LALAISSE (de), quai Napoléon, *Paradis perdu*, gravure.
611 — — — —
612 LALAISSE, 159, boul. Montparnasse, *Les Chevaux bretons*, aquarelle.
613 LAMAILLE, 4, rue Pasquier, *Paysage* (Cooper).

614 LAMBERT, rue d'Assas, 74, Une gravure mine de plomb, par Berthe Ritoit.
615 LAMING, 20, rue de l'Odéon, *Un Berger* (bronze).
616 LAMY (A.), *Marchands de poissons.*
617 LAMY, neveu, *Italienne.*
618 LANDERSET (de), *La Reine des fleurs.*
618 *bis* LAPRADE (Mme de), 94, rue Beauvau, *Atala.*
619 LAPANNE (Mme), 12, rue Madame, *La Tempête*, huile.
619 *bis* — — *L'attente du vaisseau*, —
620 LARGE, 60, rue Richelieu, *Effet de lune*, fusain.
621 LAPITO, 29, rue Ste-Anne, *Souvenir de la Drôme*, huile.
622 LAROCHE, 17, rue d'Aumale, *Paysage*, huile.
623 LASSELAS, 208, rue Lafayette, *Une paysanne sur un âne*, huile.
624 LATOUCHE, rue Lafayette, *Lisière d'un bois*, huile.
625 LANDELLE, 21, quai Voltaire, *Laveuse d'Etretat*, aquarelle.
626 LOREAU (Mme), 30, rue de la Tour-d'Auvergne, *L'Hiver*, gravure.
627 LAURENT (Félix), *Étude de jeune fille*, huile (1).
627 *bis* — *Sainte-Anne*, dessin.
627 *ter* — *Saint-Jean-Baptiste*, —
628 — *Tête de jeune fille*, —
628 *bis* LE BARBIER, *Force et malice*, huile (Valton).
629 LEBAS (Hippolyte), *Paysage*, aquarelle.
630 LEBOUTEUX (D.), 60, rue N.-D.-de-Lorette, *Santa Maria in Transtevere*, à Rome, aquarelle.
631 LECLAIRE, 73, rue de Lourmel, *Les bords de l'Oise*, fusain.
632 LECLERC (Mme), 55, rue des Petites-Écuries, *Les caresses*, crayon.
633 LECOINTE, plat décoratif, bronze.
633 *bis* LEFEBURE (Gabriel), 170, faub. St-Honoré, Bon pour un portrait.
634 LEFÈVRE, *Tête de Taureau*, plâtre.
635 LEFEBVRE, 50, avenue des Champs-Elysées, *L'Étoile*, terre cuite
636 LEFOUR, *Françoise de Rimini*, photographie.
637 LEGENDECKER, 72, rue du Cherche-Midi, *La confidence*, huile.
638 LEGRAND (Auguste), 37, avenue d'Antin, *Paysage*, aquarelle.
639 LEGRAND, 37, avenue d'Antin, *Une Rencontre dangereuse*, huile.
640 LEJEUNE (E.), 14, impasse Saint-Elisabeth-d'Enfer, *Jeune fille bretonne à la fontaine*, aquarelle.
640 *bis* LEHOUX, 17, rue Tronchet, *Souvenir de la Haute-Egypte*, Peinture sur bois.
641 LEMIT (Alphonsine), *Couvent d'Amalphi*, aquarelle.

(1) Le gagnant aura une répétition de cette étude ou, s'il le préfère, son portrait par l'auteur.

642 LEMONNIER (Théodore), 71, rue Bréa, *Une Marine*, huile.
643 LE MORE, 60, rue de Clichy, *Steeple-Chase*, aquarelle.
644 LENEPVEU, 67, boulevard de Clichy, *Moïse chasse les bergers*, huile.
645 LEPAULE (G.), 23, rue des Martyrs, *Chevreuil blessé*, huile.
646 LÉPINE, *Un matin*, paysage, huile.
647 LESPARDA (de), 94, place Beauvau, *Fleurs*, aquarelle.
648 LETRENNE (Ludovic), *Un Torrent*, huile.
649 LATRY (Anna), *Fleurs*, aquarelle.
650 LETUAIRE, à Toulon, *Le Zouave blessé.*
651 LEVILLAIN (Ernest), 7, rue d'Albe, *Poissy*, aquarelle.
652 LEVILLAIN (G.), 54, r. du Faub-Montmartre, *Ruines*, paysage, aquarelle.
653 — — *La Vierge*, bronze.
654 LEVIS, 34, rue Labat, trente-cinq dessins divers.
655 LÉVY (Émile), boulevard Lannes, 17, *L'école des Beaux-Arts à Rome*, huile.
656 LIOTARD, Marseille, *Sainte-Geneviève*, médaillon plâtre.
657 LOMBART (Eugène) 5, rue Neuve-des-Petits-Champs, *Veillée Flamande.*
658 LOUVET, 38, rue du Bac, *Étude de tête*, fusain (Tessart).
659 LOUVET (Jules), 156, boulevard de Grenelle, *Vue d'un ancien château*, aquarelle.
660 LUCIEN (le petit), *Fruits*, huile.
661 LUCY, 43, rue de Clichy, *Lac des 4 cantons*; aquarelle.
662 LUILLIEZ (Camille), Couronne de fleurs encadrée.
663 LUQUET (J.), 35, rue Caumartin, 1 vol. Eaux fortes, 1863.
664 — — — 1865.

M

665 MADRAZO (R.) 13, rue Jules-Favre.......................
666 MAGAUD, *La Mère et l'Enfant*, huile.
667 MAGLIONE, *Le Pont de Morgion*, huile.
668 MAHOT, 68, rue de Passy, *Le Franc-Tireur*, aquarelle.
669 MAILLARD (Henri), *Halte des Bohémiens*, lithographie.
670 — 1 lithographie.
671 MARCELIN, 10, passage Bourdon, *La Madeleine*, statuette, terre cuite.
672 MARCHI (Salvator), 30, passage Choiseul, un groupe.
673 MARET (J.) 1 dessin par Auguste Delâtre.

674 MARIN, 69, avenue de Paris, *Etude de plantes*, quatre petits tabl.
675 MARONDON DE MONTYEL, 7, rue Dupuytren, *Paysage*, huile.
676 MARONDON DE MONTYEL (Mme), 7, rue Dupuytren, *Miniature d'enfant.*
677 MARTIN, 52, rue Laffitte, *Paysage*, (Bellel).
678 MARTIN (E. fils), à Digne, *Les Pras d'Asses*, aquarelle.
679 — (P.) — *La Madrague*, environs de Marseille.
680 MARTIN (A.) *Retour de la Pêche.*
681 MARTINET, 2, rue de Poissy, gravure d'après Murillo.
682 MASSÉ, 157, Faubourg-Saint-Honoré, *Le Lion et sa proie*, crayon (Delacroix).
683 MASSÉ, 7, rue Rameau, *Paysage*, huile (Massé).
684 MASSIN, 36, rue Beaubourg, encrier bronze à timbre.
685 MASSON, 95, rue Blanche, *Paysage*, fusain (Flers).
686 MAS, 36, rue aux Ours, *Paysage*, fusain (Fagnon).
687 MAURIN (D.), dessin à l'encre, de M. Constantin.
688 MAYAN, *Bord du Jarret.*
689 MAYAUDON, 91, rue Richelieu, *Benvenuto Cellini.*
690 MAYEUX, 45, rue Rebeval, *Entrée d'un monastère*, aquarelle.
691 MARQUET DE VASSELOT, *Abraham Lincoln*, terre cuite.
692 MÉGISSIER, 28, rue Pigalle, *L'Aumône*, huile.
693 — — un tableau, huile.
694 — — —
695 MEISSONIER, 7, rue Saint-Georges.........................
696 MENTION, 96, rue Legendre, *Paysage.*
697 MÈRE (P.), 19, rue de l'Entrepôt, *Chien d'arrêt*, bronze.
698 MÉRY, à Bougival, *Chat*, dessin aux trois crayons.
699 MERRY, *France et Allemagne* (Kelh).
700 MONTFORT, *Souvenir d'Orient*, aquarelle.
701 MÉRY (Mlle), 23, rue Clausel, une coupe peinte.
702 MEUNIER, *Mort de Laïs*, plâtre bronzé.
703 MIDY fils, rue Miroménil, *Scène villageoise*, aquarelle.
704 MIEURET, 45, rue Oberkampf, *Paysage*, aquarelle.
705 MIGNON, 151, rue Oberkampf, *Les Lavandières*, huile (Véron).
706 MILLET, à Barbizon (Seine-et-Marne) dessin à la plume.
706 *bis* — — —
707 MILLIET, 21, boulevard des Batignolles, *Une femme de la campagne de Rome*, terre cuite.
708 MICHELEZ (Léon), 59, rue de Sèvres, *Bord de rivière*, huile.
709 MONTJALIN (la comtesse de), 19, rue Marignan, 1 gravure, fusain.
709 *bis* — — —
710 MORIN (Edmond), aquarelle.

711 MOREAU (Mathurin), *La Science*, bronze.
712 MOREAU (Auguste), *L'Amour aux oiseaux*, plâtre.
713 MOREL-LANDEUIL, 20, Regent street, Londres, une photographie.
714 — — *Paradis terrestre*, médaillon.
715 MORLOT, *Fleurs*, huile.
716 MOULIN (Hippolyte), 108, r. Vaugirard, *Un buste de la République*, plâtre.
718 MOUREAU, 17, rue des Filles-du-Calvaire, *Paysage*, huile.
719 MOUTTE (A.), *Un soir de Juin.*
720 — *Souvenir de Cassis*, dessin à l'encre.
721 MOYEUX, 10, rue Bellechasse, *Forum*, aquarelle.
722 MOYSE (Anselme), chemin de croix, bois de cèdre incrusté.
723 MOYSE (Maurice), croix de chapelet, bois de cèdre incrusté.

N

724 NADAILLAC (comtesse de), 17, r. Renouart, *Les Coqs*, aquarelle.
725 — — *Copie de Decamps*, gravure.
726 NÈGRE, à Nice, *5 vues de la cathédrale de Chartres*, photogra.
727 NOEL (Mlle), 326, rue de Vaugirard, *Nature morte*, huile.
728 NOEL (Mme), 53, Grande r. des Batignolles, *Vierge Marie*, fusain.
729 NOGARO, 102, rue du Cherche-Midi, *Le Chien en arrêt*, huile.
730 NOGUET (Louis), 25, rue du Rocher, *Pompéi*, aquarelle.
731 NONÈS, 19, rue de la Tour-d'Auvergne, *La Gelée*, fusain (L. David).
— — *La Tour de Grésy*, fusain —
732 NORMANT, 26, place Vendôme, *Une Bacchante*, bronze.
733 NOTERMANN, 25, rue de Laval, *Le Singe astronome*, huile.
734 NOUGUEZ, 51, rue Clignancourt, *Jeanne d'Arc*, porcelaine.

O

735 OLIVE (J.-B.), *Environs de Marseille.*
736 OLLION, 11, rue Garnier, Neuilly, *La Vierge et Saint-Jean*, gravure.
737 — — *Le Christ*, gravure.
738 OTHOZ (A.), rue N.-D.-de-Lorette, *Chien en arrêt*, aquarelle (Mélin).
739 OUDRY, Usine électro-métallurgique d'Auteuil, *Les 2 augures.*
740 OUTHWAITE, *Paysage*, d'après Van der Heyden.
741 — *Port de mer*, d'après Claude Lorain.

P

741 *bis* PAGES (B^nne^ de), 20, rue Caumartin, *Portrait de Gustave Lambert*, fusain.
741 *ter* PAILLARD (Victor), 105, b. Beaumarchais, *Nourrice indienne*, bronze, d'après feu Protheau.
742 PALLANTE, 8, rue Saint-Didier, *Poules et Coqs.*
743 PALLIÈRES, 42, rue Fontaine, *En mer par une belle brise*, huile.
744 PAPIN, 55, rue Meslay, *La Vierge Marie*, huile.
745 PAQUER (Mme Ve), rue d'Amsterdam, *Tête de jeune femme*, un cachet, bronze.
746 PARET (Mme), 13, rue de Londres, *Paysage*, aquarelle.
747 PARMENTIER, fils, Gravure.
748 PARMENTIER, 8, rue Linné, *Un Daim*, bronze.
749 PARMENTIER-MORIN (Mme), b. de Clichy, *Ambulance*, aquarelle.
750 — — *L'Ambulance*, deux photographies.
751 PARROT, 8, rue Vavin, *Tête de Sibylle*, dessin au crayon.
752 PATA, 16, rue de Seine, *Une Chaumière*, huile.
753 PATAUD (Edouard), 275, rue de Charenton, *Le Zouave blessé*, huile.
754 PASCAL (Louis), 72, rue Montorgueil, *Cloître Sainte-Marie, à Florence.*
755 PATROIS, 39, avenue d'Eylau, *Intérieur sous Louis XIII.*
756 PAU (Mme Marie-Edme), Nancy, une Photographie.
757 PAUZAT, *Marine*, aquarelle.
759 PAZ (Eugène), 34, rue des Martyrs, *L'Amour filial* (Seguin).
760 PECQUEUR (Henriette), Ville-Avray, *Paysage*, huile.
761 PELOUZE, *Descente du Christ.*
762 PELEZ (Fernand), 9, rue Ferme des Mathurins, *Cheval*, bronze.
763 PELLEGRIN, *Souvenir des Courses.*
764 PÉRIGNON, Bon pour un portrait.
765 PÉRIGOT, *Déclaration d'amour*, huile.
766 PETIT, 41, avenue de Saint-Cloud, *Vue de Hollande*, aquarelle.
767 PETIT (Jean), 29, rue d'Enfer, *Buste de fillette.*
768 PETIT-SAVINIEN, 40, rue des Fourneaux, *La France* (Diebolt).
769 PIERDON, à Boulogne (Seine), *Un Buisson*, huile.
770 PILLAUT, *Portrait de Mme Grafigny.*
771 PIGEON, 141, boulevard Voltaire, Deux coupes porcelaine bronze.

772 PILLIOUD, 36, rue Vieille-du-Temple, *Saint-Vincent-de-Paul*, plâtre galvanisé.
773 PILLIOUD, 56, rue Jacob, Un buste, terre cuite.
774 PILS, 11, place Pigalle, *Artillerie de la Garde mobile de la Seine*, aquarelle.
775 — — *Garde mobile de la Côte-d'Or*, aquarelle.
776 — — *Bastion 63*, aquarelle.
777 PIQ, 68, rue de Rome, *Don Pedro IV*.
778 PIRODON, 15, passage des Beaux-Arts, *Saint-Grégoire, Pape*, d'après Rubens.
779 — — *Le Pape Alexandre III*.
780 PIRODON, 15, passage des Beaux-Arts, *La Leçon de chant*.
781 POIRSON, 3, cité Trévise, *Le Coup de l'Etrier*, huile.
782 POITEVIN, à Saint-Maximin, *Le Réveil*, une statuette terre cuite.
783 POLISSARD, rue Geoffroy-Lasnier, *Paysage*, aquarelle.
784 POLONCEAU (Mlle), 12, rue du Regard, *Fruits*.
785 POMERET (DE), 7, rue Chaptal, bon pour un portrait à l'huile.
786 POMEY, *Intérieur de cuisine*, huile.
787 PONCHIN, des Martigues, *Mon Maître me battra*.
788 PONSON, *Les Martigues*, gouache.
789 — *Restaurant du chemin de la Corniche*, gouache.
790 POTIER (H.), 58, rue d'Assas, *Intérieur de la basilique basse de Saint-François-d'Assise, à Assise*, d'après Gronet, eau-forte.
791 POTIN (Mlle), *La Vierge*, médaillon bronze.
792 POUYER (E.), pharm. à Claye-Sauly (Seine-et-M.), une lithographie.
793 — — —
794 — — —
795 — — —
796 — — —
797 — — —
798 — — —
799 — — —
800 POUGET, à Nîmes, *Extérieur des Arènes*, photographie.
801 — *Maison carrée*, à Nîmes. —
802 — *Intérieur des Arènes*. —
803 PRÉVOT et JAMET, 39, rue St-Sébastien, *Cavour*, buste en bronze.
804 — — *Chateaubriand* —
805 — — *Roméo et Juliette*, statuettes en bronze.

806 PRÉVOT et JAMET, 39, rue St-Sébastien, *Uranie et Euterpe.*
807 — — *Une levrette*, groupe en bronze.
808 — — *Béranger*, bronze.
809 — — *Béranger*, *Chateaubriand* 2 bustes.
810 PRÉVOST, 14, rue Rougemont, *Marine*, aquarelle.
811 — — —
812 PRYEPOSKI, 9, rue de Seine, *Tête de Vieillard*, huile.
813 PRYEPOSKA (Mme), 9, rue Seine, *Le Premier Baiser*, aquarelle.
814 PUCHE (Ciapori), 350, rue St-Jacques, *Apothéose de Jeanne d'Arc.*

Q

815 QUINET (A.), 42, place Cadet, *Hôtel-de-Ville incendié*, *Les Tuileries incendiées*, 2 photographies.

R

816 RAVE (J.), à Lyon, *Bacchante.*
817 RÉAUNHEIM, 48, rue de la Goutte-d'Or, *Charlotte Corday.*
818 REGNIER, à Aix, *Paysage*, étude.
819 REINACH, 31, rue de Berlin, Sépia de Griset.
820 REJON, *La Danseuse.*
821 RÉMOND, 16, rue du Chemin-Vert, aquarelle (Gérard).
822 RÉMON père, 14, rue du Chemin-Vert, *Paysage*, aquarelle.
823 — — *Baigneuse.*
824 RÉMON fils, 14, r. du Chemin-Vert, *Nature morte*, huile.
825 RENAULT-MANGIN (Mlle), *Vue de Sidon*, aquarelle.
826 REVEST, *Le Gros Amandier de Château-Gombert.*
827 RICHARD (Jacques), 49, rue de Charenton, *l'Enfant et le Chien* (Molizard).
828 RICHAUD, à Avignon, *Atelier de teinture.*
829 RICHOMME, 5, cité Pigalle, *28e Bastion*, aquarelle.
830 RICILLEY, 92, rue de l'Ecole-de-Médecine, *Bernard Palissy*, d'après Velter.
831 RIMBO D, 23, rue de Tournon, *Paysage*, fusain.
832 RIOS (R. de Los), 32 rue de Vanves, *Paysage*, aquarelle.
833 REVEST, *Environs de Marseille*, huile.

834 ROGIER, un bronze, *Lion et Serpent*, par Barye.
835 ROLLA (Léon), 17, rue Sedaine, *Intérieur de Cour*, huile.
836 ROMAN, à Arles, *Porte de la Cathédrale*, photographie.
837 ROTHSCHILD (baronne Nathaniel de), rue Laffitte, *Vue d'Italie*, aquarelle.
838 ROUARD, 149, rue Oberkampf, *Rue de village*, huile.
839 ROUARD (H.) — pot faïence du XVIe siècle.
840 ROUFFIO, *La Madrague de Guigou*.
841 ROUSSE-DE-BRIGNOLLES, *Flagellation du Christ*, quatorze pho.
842 ROSSIGNEUX, 23, quai d'Anjou, *Sujet religieux*, aquarelle.
843 ROUSSELIN, 194, boulevard Pereire, *Un Haras*.
844 ROUSSELIN, *Etude de cheval*, huile.
845 ROUSSELOT (Ernest), 240, rue de Vanves, *Nature morte*, huile.
845 *bis* ROUYER, (F[is]), 129, r. du Turenne, *République française*, buste plâtre.
846 RUELLE, 8, place Ventimille, *Paysage*, huile.

S

847 SAGE, 7 *bis*, r. Laromiguière, *Lutte de l'Ange et de Jacob*, huile.
847 *bis* SCHNEIDER, 26, r. Madame, *Un Fou sous Henri IV*, eau-forte (Roybet).
847 *ter* SCHREIBER, *Nina allant à la Fontaine*, huile.
848 SAINTIN, *Tête d'Italienne*, huile.
849 SALADIN (Hubert), deux aquarelles du général Pajol.
850 — *Nature morte*, aquarelle, par la B[nne] Nath. de Rothschild.
851 — *Paysage*, aquarelle. —
852 SAINT-EDME, *Une Marine*, huile.
853 SAINT-PIERRE (G.), à Marseille, *L'Indiscrétion*.
854 SALIN (Henriette), *Vue d'un Moulin*, aquarelle.
855 SAUSSAY (L.), 41, rue de Laval, *Giovinetta*, dessin au crayon.
856 SAUSSAY, 6, rue Montaigne, *Un Encrier*, bronze.
857 SAUVAGEAU, *Buste de femme*, terre cuite.
858 SAUVAGEOT, 3, Cour de Rohan, *Une Ferme*, aquarelle.
859 SAUVEL (Edouard), 26, rue Joubert, *Paysage*, fusain.
859 *bis* SEBRON (H[te]), 80, r. Taitbout, *Oasis des bords du Nil* (Haute-Égypte).
860 SÉDILLE (Paul), 19, boulevard Magenta, *La Fin d'un beau jour d'Automne*.
861 SÉDILLE (J.), 34, r. du Château-d'Eau, *Un Cuirassier à cheval*, au crayon.
862 — — *Un Cuirassier à cheval*, fusain.

863 SÉLIN (Honorine), 92, rue d'Amsterdam, *Un Réfugié*, aquarelle.
864 — — *Vue d'un Moulin*, dessin à la mine de plomb.
865 SEIGNON, *Marine*.
866 SERVAN, *Béranger*, médaillon par David.
867 — *Lac de Charenton*, un panneau, huile.
868 — *Etude de Marne*, prise sous le viaduc de Nogent, huile.
869 — *Bois de Vincennes*, étude, huile.
870 — — —
871 — *Les Bords de l'Oise*, un panneau, huile.
872 — *Petit-Bry*, en amont de Jollin le passeur, huile.
873 — — en aval — —
874 SÉVOLDUS frères, étude de Rembrandt.
875 SEUSSEBRESER, d'Aix, quatre reproductions de gravures.
876 SOCIÉTÉ D'ACCLIMATATION, 19, rue de Lille, *Yaks*, gravure, d'après Rosa Bonheur.
877 — — *Yaks*, gravure, d'après Rosa Bonheur.
878 SOCIÉTÉ DE SECOURS, *Monastère*, huile (Adolphe).
879 SIMON, *Vache à l'étable*.
880 SONZAGNO, 106, rue Richelieu, *France et Prusse à Outrance*, gravure.
881 — — *Le Jour de Mariage*.
882 SORMAIN (Paul), 10, r. Charlot, *Une paire de Coupes*, marb. incrusté.
883 STEVENS, 6, rue de Laval.................................
884 STEWART (H.), *Harangue de maître Jonatus de Bragmardo faite à Gargantua pour réclamer les cloches*, tableau (E. Boilvin).
885 SUCHET, *Martigues* (Provence).
886 SUSSE frères, 31, place de la Bourse, *Buste de Diane*, bronze (Jean Goujon).
887 SZERMENTOWSKI, 62, r. Truffaut, *Une Forêt*, huile.
888 — — *Vue du Havre*, huile.

T

888 *bis* TARDIEU (Mme Ve), 21 rue du Faubourg-du-Temple, *Nature morte*, huile, par Fanny Gilbert.
888 *ter* — *Paysage* (Duprat).
889 TEISSERE. *Le Ravissement de Saint-Paul* de Laugier, d'après Poussin.

890 TESTARD (Alphonse), 30, rue Compan, *Ambroise Paré faisant la première ligature des artères*, gravure.
891 TEXIER (Ernest), 15, rue Godot-de-Mauroi, *L'Ascension*, huile.
892 THEILLEY, 92, r. de l'Ecole-de-Méd., *Bernard Palissy*.
893 THÉRON, 7, rue d'Assas, *Camirée* tirée du roman de Mme de Staël, huile.
894 — — *Jeune Fille aux fleurs*, huile.
895 — — — *aux pigeons*. —
896 — — — *aux fruits*. —
897 — — *Femme couchée*. —
898 THIÉBAULT (V.), 146, Faub.-Saint-Denis, *Diane*, bronze (Gabier).
899 THIERRY, 18, rue du Dragon, *Fleurs*, huile (Thierry).
900 THOMAS (G. J.), 75, rue Notre-Dame-des-Champs, *Tête d'étude*, marbre.
901 THOMAS (A. T.) — *Copie de la Vénus marine*.
902 THIOUST, 5, rue Saint-Bernard, *Une Rue à Caudebec*.
903 TILLERY, 11, passage Saint-Anastase, Une Statuette sous globe.
904 TISSOT, *Paysage*.
905 TOULMOUCHE, 70 *bis*, r. Notre-Dame-des-Champs............
906 TOURNY, 2, impasse Conti, aquarelle.
907 TOURNOIS, 9 *ter*, rue Carnot, bas-relief.
908 TRAJAN, Nice, *Vierge au Saint-Jean*, phothographie.
909 TRICAUT, 90, rue de Cléry, *Forêt de Fontainebleau*, Gouache.
910 TRICHON, *Paysage*, aquarelle de M. Crapelet.
911 — Encre de Chine d'après Rembrandt.
912 — *En Orient*, aquarelle de Mallet.
913 TRIMOLET, 27, rue Saint-Paul, *Vue de l'ancienne berge du port de la Tournelle*.
914 TROTTIER fils, 118, rue de Vaugirard, Etude de Buffet.
915 TROUILLET, 102, boul. Sébastopol. *Washington*, tissé sur soie.
916 — — Photographie du gouvernement de la défense nationale.
917 — — *Héloïse et Abélard*, 2 Émaux.
918 — — *La Clef de Marlborough*.
919 TROUVET, *Une Tour dans un parc*, huile.
920 TSCHERKASKY (prince), à Barbizon (Seine-et-Marne), *Soleil couchant*, huile.
921 — — *Chemin dans le bois*, huile.
922 TUASNE, 24, rue d'Assas, *L'Amour piqué*, bronze (Etex).

U

923 UCHARD, 82, rue Grenelle-Saint-Germain, *Eglise de Prato*, aquarelle.

V

923 *bis* VAAST, 28, boulevard Beaumarchais, *Fleurs*, huile.
924 — — —
925 VOLLON, 25, passage Saulnier, *Plage de Dieppe*, fusain.
926 VACOSSIN, 32, rue Beaubourg, un bénitier.
927 — — *Pierrot* tabl. et *Arlequin* tabl.
928 VALADON, 212, r. de Vaugirard, *Nature morte*, huile.
929 VALENTIN (Adolphe), 14, quai d'Orléans, aquarelle, *Paysage* (Ciceri).
930 VAUDOUIN, 8, boulevard Clichy, *Paysage*, huile.
931 VAUCLEL, 2, rue Neuve-des-Petits-Champs, *le Christ*, bronze.
932 VERDI, Italie, *le Chanteur Florentin*, bronze (Dubois).
933 VERNIER (Emile), 18, r. Bonaparte, 12 lithographies d'après Corot.
934 VERREAUX, 30, avenue d'Eylau, Dessin à la mouchure de chandelle.
935 VERY fils, 19, boulevard des Italiens, un encrier, bronze.
936 — — un porte-cure-dent, bronze.
937 VIGNOND (de), 26, rue des Dames (Ternes), *Paysage*, huile.
938 VIGUIER, Marseille, *Paysage*, étude.
939 VIOLA, Marseille, *Fruits*.
940 VIOLLET-LE-DUC (Adolphe), *Les Grandes Eaux à Saint-Cloud*, aquarelle.
941 VIRGILLE (de), 20, rue Laffitte, *Une Marine*, huile (Roquemont).
942 — — *Marine* huile.
943 — — *Tête de vieillard*, huile.
943 *bis* — — *Marine*, huile.
944 VINCENT, 9, rue des Lions-Saint-Paul, *Une Chapelle*.
945 VILZINSKI, *Une Vierge*.
946 VIVROUX, 17, rue Pierre-Picard, deux statuettes, terre cuite.
947 VOILLEMOT (Ch.), 28, rue Fontaine..........................
948 VOISIN (Arsène), 31. Faub-Poissonnière, *Euterpe*, bronze.

W

949 WALLACE (Richard), 3, r. Taitbout, *la Sapho de Pradier*, bronze.
950 — — buste de Mme *de Pompadour* bronze (Houdon).
951 — — buste de Mme *Dubarry*, bronze (Pajon).
952 — — 2 *Vénus Pudique*, bronze.
953 WELCH (Thomas B.), 62, rue de Provence, portrait à l'huile du *général Grant*.
954 WILD (E.), 2, rue Compiègne, *Soleil couchant*, huile.
955 WORMS (Jules), 19, rue Navarin, *Dame espagnole*, aquarelle.
956 WORTH (Mme), 7, rue de la Paix, groupe rocaille. bois sculpté.

X

957 XYDIAS, 19, rue des Prêtres-Saint-Germain-l'Auxerrois, *Pifferaro*, huile.
958 X*** (Mme) Coupe, bronze (Barbedienne).
959 — Plat persan ancien.
960 — *Henri II*, grès.

Z

961 ZADIC, 47, rue des Petites-Ecuries, *Etude de femme*, huile.
962 ZIER, 102, rue de la Procession, *Apparition de Jésus à Marie-Madeleine*.

IMP. CENTRALE DES CHEMINS DE FER. — A. CHAIX ET Cie, 20, RUE BERGÈRE, PARIS. — 10536-4.